José de San Martín

Antología

Barcelona 2024
Linkgua-ediciones.com

Créditos

Título original: Antología.

© 2024, Red ediciones S.L.

e-mail: info@linkgua-ediciones.com

Diseño de cubierta: Michel Mallard.

ISBN rústica ilustrada: 978-84-9816-008-6.
ISBN ebook: 978-84-96428-77-5.

Sumario

Brevísima presentación

La vida

José Francisco de San Martín (Yapeyú, Virreinato del Río de la Plata, 25 de febrero de 1778-Boulogne-sur-Mer, Francia, 17 de agosto de 1850) Argentina.

A los siete años viajó a España, y estudió para ingresar en el ejército. Combatió en el norte de África y luego contra la invasión napoleónica, en las batallas de Bailén y La Albuera. Con treinta y cuatro años, y el grado de teniente coronel, regresó a Buenos Aires, donde formó el Regimiento de Granaderos a Caballo que triunfó en el Combate de San Lorenzo. Más tarde tuvo la jefatura del Ejército del Norte y entonces concibió su plan de emancipación sudamericana.

Nombrado gobernador de Cuyo, con sede en la ciudad de Mendoza, tras organizar al Ejército de los Andes lideró la liberación de Chile, en las batallas de Chacabuco y Maipú. Con una flota organizada en Chile, atacó Lima, declarando la independencia del Perú en 1821. Poco después se encontró en Guayaquil con Bolívar, y tras una breve entrevista le cedió su ejército. San Martín partió hacia Europa, donde murió en 1850.

Parte del coronel de granaderos a caballo don José de San Martín al Superior Gobierno

Excelentísimo señor

Tengo el honor de decir a V. E. que en el día 3 de febrero los granaderos de mi mando en su primer ensayo han agregado un nuevo triunfo a las armas de la patria. Los enemigos en número de 250 hombres desembarcaron a las cinco y media de la mañana en el puerto de San Lorenzo, y se dirigieron sin oposición al colegio de San Carlos conforme al plan que tenía meditado en dos divisiones de a sesenta hombres cada una: los ataqué por derecha e izquierda, hicieron no obstante una esforzada resistencia sostenida por los fuegos de los buques, pero no capaz de contener el intrépido arrojo con que los granaderos cargaron sobre ellos sable en mano: al punto se replegaron en fuga a las bajadas dejando en el campo de batalla cuarenta muertos, catorce prisioneros de ellos, doce heridos sin incluir los que se desplomaron, y llevaron consigo, que por los regueros de sangre, que se ven en las barrancas considero mayor número. Dos cañones, cuarenta fusiles, cuatro bayonetas, y una bandera que pongo en manos de V. E. y la arrancó con la vida al abanderado el valiente oficial don Hipolito Bouchard. De nuestra parte se han perdido veintiséis hombres, seis muertos, y los demás heridos, de este número son: el capitán don Justo Bermúdez, y el teniente don Manuel Díaz Vélez, que avanzándose con energía hasta el bordo de la barranca cayó este recomendable oficial en manos del enemigo.

El valor e intrepidez que han manifestado la oficialidad y tropa de mi mando los hace acreedores a los respetos de la patria, y atenciones de V. E.; cuento entre estos al esforzado y benemérito párroco doctor don Julián Navarro, que se presentó con valor animando con su voz, y suministrando los auxilios espirituales en el campo de batalla: igualmente lo han contraído los oficiales voluntarios don Vicente Mármol, y don Julián Corvera, que a la par de los míos permanecieron con denuedo en todos los peligros.

Dios guarde a V. E. muchos años.

San Lorenzo febrero 3 de 1813

José de San Martín.

Extraordinaria de Buenos Aires del jueves 20 de febrero de 1817

Oficio del general de los Andes al Exmo. señor director Exmo.

Señor director

Un admirable encadenamiento de sucesos prósperos que sigue hasta aquí, la marcha de mis tropas; y si es dado por ello hemos tocado fin, parece no dilata el de la total restauración de Chile.

El tránsito solo de la sierra ha sido un triunfo. Dígnese V. E. figurarse la mole de un ejercito moviéndose con el embarazoso bagaje de su existencia para casi un mes, armamento, municiones, y demás adherentes, por un camino de 100 leguas, cruzado de eminencias escarpadas, desfiladeros, travesías, profundas angosturas, cortado por cuatro cordilleras; en fin donde lo fragoso del piso se disputa con la rigidez del temperamento. Tal es el camino de los Patos, que hemos traído; pero si vencerle ha sido un triunfo, no lo es menos saber principiado vencer al enemigo.

Apenas el Sargento mayor de Ingenieros don Antonio Arcos, comandante de avanzada se presentó con la partida el 4 del corriente, en las gargantas de Achupalla, cuando fue puesto el enemigo en fuga vergonzosa, como anunció el parte del mismo Arcos N• 1, que tengo el honor de acompañar a V. E., encomiendo el mérito de este oficial.

Dominado con este suceso la embocadura del Valle Putaendo...

Cuartel general en San Felipe de Aconcagua el día 8 de febrero de 1817

San Martín.

Excelentísimo señor Libertador de Colombia, Simón Bolívar.

Querido general:

Dije a usted en mi última del 23 del corriente que habiendo reasumido el mando Supremo de esta república, con el fin de separar de él al débil e inepto Torre-Tagle las atenciones que me rodeaban en el momento no me permitían escribirle con la atención que deseaba; ahora al verificarlo no solo lo haré con la franqueza de mi carácter sino con la que exigen los altos intereses de la América.

Los resultados de nuestra entrevista no han sido los que me prometía para la pronta terminación de la guerra. Desgraciadamente yo estoy íntimamente convencido o que no ha creído sincero mi ofrecimiento de servir bajo sus órdenes, con las fuerzas de mi mando, o que mi persona le es embarazosa.

Las razones que usted me expuso de que su delicadeza no le permitiría jamás mandarme, y que aun en el caso de que esta dificultad pudiese ser vencida estaba seguro que el Congreso de Colombia no autorizaría su separación del territorio de la república, permítame general, le diga no me han parecido plausibles. La primera se refuta por sí misma. En cuanto a la seguida estoy muy persuadido la menor manifestación suya al Congreso sería acogida con unánime aprobación cuando se trata de finalizar la lucha en que estamos empeñados con la cooperación de usted y la del ejército de su mando y que el honor de ponerle término refluirá tanto sobre usted como sobre la república que preside.

No se haga usted ilusiones, general. Las noticias que tiene de las fuerzas realistas son equivocadas: ellas montan en el Alto y Bajo Perú a más de 19.000 veteranos, que pueden reunirse en el espacio de dos meses.

El ejército patriota, diezmado por las enfermedades, no podrá poner en línea de batalla sino 8.500 hombres, y de éstos una gran parte reclutas. La división del general Santa Cruz cuyas bajas según me escribe este general no han sido reemplazadas a pesar de sus reclamaciones en su dilatada marcha por tierra, debe experimentar una pérdida considerable, y nada podrá emprender en la presente campaña. La división de 1.400 colombianos que usted envía será necesaria para mantener la guarnición del Callao y el orden en Lima.

Por consiguiente, sin el apoyo del ejército de su mando, la operación que se prepara por Puertos Intermedios no podrá conseguir las ventajas que debían esperarse, si fuerzas poderosas no llaman en la atención del enemigo por otra parte y así la lucha se prolongará por un tiempo indefinido. Digo indefinido porque estoy íntimamente convencido que sean cuales fueren las vicisitudes de la presente guerra, la independencia de la América es irrevocable; pero también lo estoy de que su prolongación causará la ruina de sus pueblos, y es un deber sagrado para los hombres a quienes están confiados sus destinos, evitar la continuación de tamaños males.

En fin, general; mi partido está irrevocablemente tomado. Para el 20 del mes entrante he convocado el primer congreso del Perú y al día siguiente de su instalación me embarcaré para Chile convencido de que mi presencia es el solo obstáculo que le impide a usted venir al Perú con el ejército de su mando.

Para mí hubiese sido el colmo de la felicidad terminar la guerra de la independencia bajo las órdenes de un general a quien América debe su libertad. El destino lo dispone de otro modo y es preciso conformarse.

No dudando que después de mi salida del Perú el gobierno que se establezca reclamará la activa cooperación de Colombia y que usted no podrá negarse a tan justa exigencia, remitiré a usted una nota de todos los jefes cuya conducta militar y privada pueda ser a usted de alguna utilidad su conocimiento.

El general Arenales quedará encargado del mando de las fuerzas argentinas. Su honradez, coraje y conocimiento, estoy seguro lo harán acreedor a que usted le dispense toda consideración.

Nada diré a usted sobre la reunión de Guayaquil a la república de Colombia. Permítame, general, que le diga que creí no era a nosotros a quienes correspondía decidir este importante asunto. Concluida la guerra los gobiernos respectivos lo hubieran transado sin los inconvenientes que en el día pueden resultar a los intereses de los nuevos estados de Sudamérica.

He hablado a usted, general, con franqueza, pero los sentimientos que expresa esta carta quedarán sepultados en el más profundo silencio; si llegasen a traslucirse, los enemigos de nuestra libertad podrían prevalecerse para perjudicarla, y los intrigantes y ambiciosos para soplar la discordia.

Con el comandante Delgado, dador de ésta, remito a usted una escopeta y un par de pistolas juntamente con el caballo de paso que le ofrecí en Guayaquil. Admita usted, general, esta memoria del primero de sus admiradores.

Con estos sentimientos y con los de desearle únicamente sea usted quien tenga la gloria de terminar la guerra de la independencia de la América del Sur, se repite su afectísimo servidor.

José de San Martín

Señor don José de Sandacsacmi

país como usted sabe y venido a encontrar aquí una nueva patria y un gobierno protector en la piedad y generosidad de este magnánimo príncipe, bajo cuya protección pienso pasar el resto de mis días al abrigo de los tiros de mis enemigos.

Usted que me ha probado bien de cerca conoce lo desinteresado que he sido en materias de dinero y por consiguiente estoy seguro no habrá dado crédito a las horrorosas imputaciones con que mis enemigos han querido achacarme sobre este asunto.

Mi situación es la más deplorable del mundo en materia de intereses, los únicos bienes que me habían quedado eran los de mi herencia materna, que debían tocarme de resultas de la muerte de mi abuela, estos han sido injustamente embargados, usted sabe lo generoso que he sido en auxiliar a mis amigos, este me ha arruinado habiendo sido tan desgraciado que en esta circunstancias no he encontrado uno solo que me haya pagado algo de lo mucho que me deben.

Ignoro el grado de resentimiento en que usted pueda hallarse con respecto a mí, pues nuestros comunes enemigos han tratado insensatamente de afinar la discordia entre los dos, pero como por una parte mi conciencia nada me reprocha con respecto a usted y por otra el conocimiento que tengo de su honradez me mueven, paisano mío, a escribir a usted para que si tiene algún valimiento con el gobierno de Buenos Aires se empeñe con él para que me vuelvan mis bienes embargados, de otro modo, me es imposible vivir y tendré que pasar el resto de mi vida en la más horrorosa miseria con una familia inocente que ha tenido la desgracia de pertenecer a un padre, que ha perdido todo por su fanatismo, en hacer toda especie de sacrificios, en obsequio de un país que le ha pagado con tanta ingratitud.

La adjunta es para Zapiola. Yo ruego a usted interponga su amistad para con él para que me pague algo, pues cualquier cosa me viene muy bien en las terribles circunstancias en que me hallo, bien debe saber él que solo mi triste situación ha podido obligarme a escribir la adjunta.

Usted sabe lo claro y costoso que es vivir en un país extraño con familia, y los ningunos recursos, que le queda a uno en medio de personas desconocidas, por aquí podrá usted formarse una idea del estado de esta familia acostumbrada en otro tiempo a vivir en la abundancia. Usted sabe que de mi padre nada tengo que esperar, y por consiguiente el único recurso que puede salvarme de este estado ignominioso, es la devolución de mis cortos bienes embargados.

El Cabildo me ofreció la más solemne garantía y ha faltado a ella, no sé qué motivos pueda haber para perseguirme con tanto encarnizamiento como obligarme a perecer con mi familia en países distantes y extraños.

Nunca puede ser honroso, para esas provincias, el que las naciones extranjeras vean a uno de sus generales que ha servido con el patriotismo más ardiente, reducido a punto de tener que perecer de hambre, en países extraños, ah paisano mío, que contraste el estado de miseria en que me hallo, con el estado en que me quieren suponer mis enemigos, como el de un ladrón público.

Confieso a usted con toda ingenuidad que no presentaría a usted este cuadro lamentable, si no fuese, por una esposa y tres hijos desgraciados que me rodean.

Yo espero mi amado amigo en obsequio de estos desgraciados que usted conoce, empleará todos sus esfuerzos, para conseguir lo que le pido. Han llegado aquí las noticias desgraciadas de la derrota de Rondeau, esto ha causado una alegría extraordinaria en nuestros comunes enemigos y en nosotros una profunda tristeza, no se puede usted figurar el furor borboso de los españoles, infeliz país si se viene alguna vez en semejante garras.

Las intensiones de Fernando son las más terribles. Nada hay que esperar de un monarca tan cruel, y hoy no queda otro recurso que vencer o morir, el querer alucinarse de otro modo sería perecer irremisiblemente.

De la Inglaterra no se debe esperar ningún auxilio, esta está fuertemente ligada con España, además de estar fuertemente interesada en el sistema colonial; de los Estados Unidos y de las potencias que no tienen colonias se sacaría mucho si se mandasen a todas ellas enviados acuérdese usted que Caracas, fue reconocida, por la Rusia, esta potencia que es en el día la más fuerte de Europa, tiene un vivo interés en extender sus relaciones con esta parte del mundo.

El otro día tuve una conversación sobre esto mismo con el ministro ruso que se halla aquí, y me dijo que habíamos hecho muy mal en no habernos dirigido a su gobierno, en toda la revolución y que estaba seguro que sacaríamos mucho partido del Emperador Alejandro.

De Holanda y Austria también se puede conseguir mucho, yo me encargaría gustoso de cualquiera de estas comisiones que me quisieran fiar y me parece que no los desempeñaría mal si el amor propio no me siega.

Este príncipe está resuelto a quedarse aquí a echar los cimientos de un gran imperio, están llegando las tropas de Lisboa y el general Beresford se haya aquí pero estoy seguro que no ayudarán a los españoles en nada.

Mucho he tenido que sufrir con Vigodet que se halla aquí ha hecho las más fuertes instancias para que mi persona le fuese entregada y mandarme a España a concluir mis días en un cadalso, por fortuna este generoso príncipe no ha consentido en tal iniquidad y me ha ofrecido que nunca me entregará.

Deseo a usted mil felicidades y que no olvide los encargos de esta familia que le quedará eternamente agradecida.

Carmencita manda a usted mil memorias, y a Remedios a la cual se los dará usted de mi parte y mande en lo que guste a este su verdadero amigo.

Carlos de Alvear

Carta del presidente del Perú, gran mariscal don Ramón Castilla al generalísimo de las armas peruanas, don José de San Martín

Lima, noviembre 13 de 1848

Señor general don José de San Martín, generalísimo de las armas peruanas.

Muy querido general y distinguido amigo:

Verdadera satisfacción he recibido con la lectura de la carta del 11 de septiembre con que ha querido usted favorecerme.

Muy franca, leal y digna del desprendimiento de usted encuentro la relación que me hace de su vida pública, y muy particularmente en lo referente a los importantes servicios que prestó a la independencia americana de que antes tenía el gusto de estar al corriente. Los que acometen una empresa, por lo general, cosechan solamente las privaciones y riesgos que hay que correr para darle cima, pero usted ha sido feliz, porque mirando con ojos filosóficos los sucesos que se han desarrollado en la América desde que dejó las playas del Perú, goza ahora de la satisfacción que da una conciencia tranquila y un procedimiento noble y desprendido, por el que tiene la gratitud de la mayoría de los Estados Sur americanos.

Con gusto vería la elección que hiciera usted del Perú para pasar en él de un modo tranquilo, y en medio de verdaderos amigos, el último tercio de su vida, si se resolviese a dejar la Europa, teatro de escándalos y desorden.

Todas las liquidaciones de las oficinas de Hacienda hechas de la asignación que tiene usted señalada en el Tesoro Peruano han sido mandadas reconocer en el acto como deuda nacional, y si alguna hubiese pendiente, dispondré se haga lo mismo, para cumplir los deseos que sobre esto me manifiesta.

Desde que mando el país ha recibido el apoderado de usted cada mes, de mano del habilitado de la Inspección general, su haber que no dudo habrá remitido a usted.

A fin de evitar a usted la especie de mortificación que la ha causado no poderme escribir de su puño, me valgo ahora de otra mano y le ruego que no deje de dirigirme sus cartas con frecuencia, porque esto lo mirará como un servicio distinguido su muy decidido amigo y servidor.

Ramón Castilla

Carta reproducida en Revista Peruana (Lima, 1879), y por Revista Nacional (Buenos Aires, 1908).

Carta del presidente del Perú, gran mariscal don Ramón Castilla al general don José de San Martín

Lima, mayo 26 de 1849

Excelentísimo señor general don José de San Martín

Mi respetable general y amigo:

Sin embargo del limitado tiempo que me dejan las tareas públicas, para llenar en parte las confidencias, especialmente las que respectan a usted, me es satisfactorio colocarlo en el lugar más preferente: tengo el honor de anticipar esta carta que caminará por el paquete del 19 de junio próximo, con la cual voy a contestar su apreciación del 15 de febrero último por haber únicamente acusado su recibo el 19 del que expira.

Muy sensible me es saber por su estimada citada carta: que a consecuencia de la inestabilidad de la paz en Francia y de la confirmación de su enfermedad en la vista, nos priva usted de la satisfacción de verlo entre nosotros durante sus días. Quizá restableciéndose la primera, y mejorando la segunda, en este último tercio de mi período constitucional, se resigne usted a vivir en un país que, aunque pequeño por su reducida población, es sincero amador de usted por los servicios que le debe como a su caudillo en la lucha de la independencia. Antes de haber castigado al general Iguain por el crimen de conspiración que cometió en julio del anterior; el 21 de febrero último fue sofocada sin una gota de sangre una segunda conspiración capitaneada por los generales San Román y Torrico, de y acuerdo con Ballivian y Flores, que no pueden conformarse con la pérdida de sus presidencias ni con la continuación de la paz de que tienen positiva necesidad estos pueblos. Felizmente descubierto el plan, en cuyo desarrollo el Perú habría perdido su nacionalidad, nos proponemos destruirlo sino para siempre, a lo menos por mucho tiempo. Con tal motivo fue que convoqué un congreso extraordinario que del 11 al 12 de junio próximo quedará instalado. Espero fundadamente que este cuerpo, no obstante como usted sabe, que el mayor número de los de su clase son propensos a los desórdenes, ayudará al gobierno a la conservación de la paz pública, bien precioso que por mi parte, me propongo mantener a todo trance, apoyado en los buenos peruanos que conocen demasiado la magnitud de la tempestad que acaban de conjurar, principalmente los marino franceses, obstáculo de la cesación de la guerra en el Río de la Plata y de su prosperidad que no puede haber ni paz, han cuasi intervenido con su conducta parcial en favor de los enemigos del Perú y Bolivia, trayendo a bordo de sus buques al general Ballivian. Los ingleses han observado una conducta diversa y perfectamente neutral.

Aun cuando estos pueblos, infantes en la carrera de las naciones, marchan de obstáculo en obstáculo hacia el objeto que se han propuesto tocar, nos prometemos que fijando su atención en el tiempo perdido, obren en el sentido que más convenga a sus intereses, en la extensión de la palabra. Yo por mi parte he jurado continuar exclusivamente dedicado, en todo el tiempo que me resta de mando constitucional, a la consecución de aquel objeto.

En mi carta del 13 me tomé la libertad de llamar la atención de usted sobre otro diverso e importante objeto: hablo del estandarte de Pizarro y del expediente de Santa Rosa de Lima, que cuando usted se retiró del Perú llevo consigo, como recompensa más distinguida a los servicios que usted había prestado a esta República.

Suponiendo, como debo suponer, que usted quiso poseer aquellos trofeos por un tiempo determinado, a los más durante sus días, que celebraría fuesen perdurables; y tomándose la confianza de ser intérprete de su voluntad, que siempre juzgué honrosa y amigable del Perú, creo que usted recibirá con agrado mi indicación y se servirá decirme su opinión y última disposición respecto al estandarte de Pizarro y expediente de Santa Rosa que creo deben volver a esta República, si no antes, inmediatamente después de los días de usted.

Rogando a usted dispense la franqueza que he usado al hablarle de un asunto que para otros era concluido por el silencio que han guardado acerca de él, me repito de usted muy afectísimo amigo y obsecuente servidor.

R. Castilla

Carta reproducida en Revista Peruana (Lima, 1879) y Revista Nacional (Buenos Aires, 1908)

Testamento de José de San Martín

París, 23 de enero de 1844

En el nombre de Dios todo Poderoso a quien conozco como Hacedor del Universo: Digo yo José de San Martín, generalísimo de la República del Perú, y Fundador de su libertad, Capitán general de la de Chile, y Brigadier general de la confederación Argentina, que visto el mal estado de mi salud, declaro por el presente Testamento lo siguiente:

1.º Dejo por Mi absoluta Heredera de mis bienes, ávidos y por haber a mi única Hija Mercedes de San Martín actualmente casada con Mariano Balcarce.

2.º Es mi expresa voluntad el que mi Hija suministre a mi Hermana María Elena, una Pensión de 1.000 francos anuales, y a su fallecimiento, se continúe pagando a su hija Petronila, una de 250 hasta su muerte, sin que para asegurar este don que hago a mi hermana y Sobrina, sea necesarias otra Hipoteca que la confianza que me asiste de que mi hija y sus herederos cumplirán religiosamente ésta mi voluntad.

3.º El Sable que me ha acompañado en toda la Guerra de la Independencia de la América del Sur, le será entregado al general de la República Argentina don Juan Manuel de Rosas, como una prueba de satisfacción, que como Argentino he tenido al ver la firmeza con que ha sostenido el honor de la República contra las injustas pretensiones de los Extranjeros que tratan de humillarla.

4.º Prohibo el que se me haga ningún género de Funeral, y desde el lugar en que falleciere se me conducirá directamente, al Cementerio sin ningún acompañamiento, pero si desearía, el que mi Corazón fuese depositado en el de Buenos Aires.

5.º Declaro no deber ni haber jamás debido nada, a nadie.

6.º Aunque es verdad que todos mis anhelos no han tenido otro objeto que el bien de mi Hija amada, debo confesar, que la honrada conducta de esta, y el constante cariño y esmero que siempre me ha manifestado, han recompensado con usura, todos mis esmeros haciendo mi vejez feliz. Yo la ruego continúe con el mismo cuidado y contracción la educación de sus Hijas (a las que abrazo con todo mi Corazón) si es que a su vez quiere tener la misma feliz suerte que yo he tenido; igual encargo hago a su Esposo, cuya honradez, y hombría de bien no ha desmentido la opinión que había formado de él, lo que me garantiza continuará haciendo la felicidad de mi Hija y Nietas.

7.º Todo otro Testamento o Disposición anterior al Presente queda Nulo y sin ningún valor.

Hecho en París a 23 de enero del año 1844 y escrito todo el de mi puño y letra

José de San Martín

Artículo Adicional: Es mi voluntad el que el Estandarte que el Bravo Español don Francisco Pizarro tremoló en la Conquista de Perú sea devuelto a esta República (a pesar de ser propiedad mía) siempre que sus Gobiernos hallan realizado las Recompensas y honores con que me honró su primer Congreso.

José de San Martín

Libros a la carta

A la carta es un servicio especializado para
empresas,
librerías,
bibliotecas,
editoriales
y centros de enseñanza;
y permite confeccionar libros que, por su formato y concepción, sirven a los propósitos más específicos de estas instituciones.

Las empresas nos encargan ediciones personalizadas para marketing editorial o para regalos institucionales. Y los interesados solicitan, a título personal, ediciones antiguas, o no disponibles en el mercado; y las acompañan con notas y comentarios críticos.

Las ediciones tienen como apoyo un libro de estilo con todo tipo de referencias sobre los criterios de tratamiento tipográfico aplicados a nuestros libros que puede ser consultado en Linkgua-ediciones.com.

Linkgua edita por encargo diferentes versiones de una misma obra con distintos tratamientos ortotipográficos (actualizaciones de carácter divulgativo de un clásico, o versiones estrictamente fieles a la edición original de referencia).

Este servicio de ediciones a la carta le permitirá, si usted se dedica a la enseñanza, tener una forma de hacer pública su interpretación de un texto y, sobre una versión digitalizada «base», usted podrá introducir interpretaciones del texto fuente. Es un tópico que los profesores denuncien en clase los desmanes de una edición, o vayan comentando errores de interpretación de un texto y esta es una solución útil a esa necesidad del mundo académico.

Asimismo publicamos de manera sistemática, en un mismo catálogo, tesis doctorales y actas de congresos académicos, que son distribuidas a través de nuestra Web.

El servicio de «libros a la carta» funciona de dos formas.

1. Tenemos un fondo de libros digitalizados que usted puede personalizar en tiradas de al menos cinco ejemplares. Estas personalizaciones pueden ser de todo tipo: añadir notas de clase para uso de un grupo de estudiantes, introducir logos corporativos para uso con fines de marketing empresarial, etc. etc.

2. Buscamos libros descatalogados de otras editoriales y los reeditamos en tiradas cortas a petición de un cliente.